Zauberhaftes Gartenglück

In Gärten ist Magie zu Hause.

Angelika Emmert

DAS GLÜCK WOHNT IM GARTEN

Der herrliche Duft der Blumen, das fröhliche Summen der Bienen, das sanfte Plätschern eines Brunnens ... Gärten sind wundervolle Orte des Staunens und Innehaltens. In jedem kleinen Winkel gibt es etwas zu entdecken. Hier kannst du Stress und Hektik einfach vergessen und stattdessen den Blumen beim Wachsen zuschauen. Egal, ob groß oder klein, prachtvoll oder verwunschen – jeder Garten ist einzigartig. Doch eins steht fest: In jedem von ihnen wächst das Glück.

An meinem Garten arbeite ich kontinuierlich und mit Liebe. Am nötigsten *brauche ich Blumen,* immer, immer.

Edith Wharton

Jeder Garten ist ein kleines Paradies.

Nina Sandmann

Gartenzeit ist erfüllte Zeit.

Friederike Weichselbaumer

Zufriedenheit
ist ein stiller Garten, in dem man sich
ausruhen kann.

Ernst Ferstl

Ich weiß überall
in der großen Lebenswüste
irgendeine *schöne Oase*
zu entdecken.

Heinrich Heine

Wer mich ganz kennenlernen will, muss meinen Garten kennen, denn mein Garten ist mein Herz.

Hermann von Pückler-Muskau

Insel Mainau, Bodensee

Blumige Inselzeit

Eine besonders zauberhafte Insel liegt im schönen Bodensee. Die kleine Insel Mainau trägt zurecht den Kosenamen **„Blumeninsel“**, denn beinahe jeder Monat des Jahres hat ein florales Highlight zu bieten. Im Frühling kannst du dich hier über eine Million blühender Tulpen freuen, im Sommer von blühenden Rhododendren und Rosen begeistern und im Herbst von tausenden bunten Dahlien verzaubern lassen. Während du gemütlich über die Insel schlenderst, kannst du nicht nur den Blick auf die Blumenpracht, sondern auch immer mal wieder eine traumhafte Aussicht auf den **Bodensee** genießen. Ein wunderschöner Kontrast zwischen den bunten Blüten und dem türkisfarbenen Wasser des Sees!

Das größte Glück liegt in den kleinen Dingen.

Wilhelm Busch

Blumen sind das Lächeln der Natur.
Es geht auch ohne sie, aber nicht so gut.

Max Reger

Ich liebe meinen Garten, die Bäume,
die Blumen, aber vor allem
die stillen Abende auf der Terrasse.

Edith Wharton

Willst du aber ein Leben lang glücklich sein,
so schaffe dir einen Garten.

aus Japan

Kein Mensch auf Erden
hat mir so viel Freude gemacht als die Natur
mit ihren Farben, Klängen, Düften,
mit ihrem Frieden
und ihren Stimmungen.

Peter Rosegger

Wo Blumen blühen,
lächelt die Welt.

Ralph Waldo Emerson

Mein Wunsch ist es,
immer so zu bleiben und ruhig
in einer Ecke der *Natur*
zu leben.

Claude Monet

Gärten sollen so sein, dass man darin lebt.

Gertrude Jekyll

Villa d'Este, Italien

MEDITERRANE GARTENTRÄUME

Inmitten von Zypressen und Wasserspielen lädt dich der Renaissancegarten der Villa d'Este in der Nähe von Rom zum Träumen ein. Der Garten erstreckt sich über mehrere Treppen und Terrassen von der Villa den Hang hinunter. Kleine verschlungene Wege führen durch den Garten, vorbei an hunderten Fontänen und Springbrunnen. Egal, wo du dich im Garten befindet – überall kannst du das Plätschern, Fließen und Tropfen des Wassers hören.

Schließe mal die Augen und stell dir vor, du würdest an einem warmen Sommertag durch die Gärten der Villa d'Este flanieren

... kannst du die Musik des Wassers hören?

Ich liebe die Welt,
die Sonne, die Erde, die Blumen,
die Vergnügungen,
die Jugend, die Schönheit.
Ich habe Durst nach Glück!

Malwida von Meysenbug

Wie die Bienen in ihren Körben Honig sammeln,
sollten wir Schönes, Erfreuliches, Ermutigendes sammeln.

Peter Paal

Nichts ist in höherem Maß ein Kind der Kunst
als ein Garten.

William Morris

Der Garten der Natur ist so wunderbar,
da weiß das Herz kaum,
wo es zuerst hinschauen soll.

Paul Hufnagel

Das Glück ist überall,
wo die Leute
Augen dafür haben.

Raoul Follereau

Der gegenwärtige Augenblick
ist stets voll unendlicher Schätze.

Jean Pierre de Caussade

**Die Schönheit der Erde
kann man nicht kaufen, sie gehört dem,
der sie entdeckt, der sie begreift
und versteht, sie zu genießen.**

Henry Bordeaux

Die Pracht der Gärten hat stets
die Liebe zur Natur zur Voraussetzung.

Germaine de Staël

West Dean Gardens, England

Eine Reise in die Vergangenheit

Bei einem Streifzug durch die charmanten West Dean Gardens im Süden Englands erwarten dich nicht nur surreal geformte Bäume und zauberhaft blühende Pflanzen, sondern auch einige historische Sehenswürdigkeiten wie die 100-Meter-lange historische Pergola, an der verschiedene Arten von Magnolien, Clematis und Rosen in die Höhe wachsen.

Ein weiteres Highlight sind die 13 restaurierten viktorianischen Gewächshäuser aus dem späten 19. Jahrhundert, in denen heute Orchideen, Feigen, Melonen, Chilis und viele andere Pflanzen gedeihen.

Ob es sich wohl vor einigen Jahrhunderten genauso herrlich angefühlt haben muss, durch den Garten zu schlendern?

Suche in den
Düften der Blüten und Früchte,
die Heiterkeit des Geistes und
die Freude am Dasein.

Wang Wei

Gärten werden angelegt, damit die Seele Orte hat, an denen sie spazieren gehen kann.

Yvonne Mölleken

Die Blume lebt und liebt und redet
eine wunderbare Sprache.

Peter Rosegger

Blumen machen die Menschen
fröhlicher, glücklicher und hilfsbereiter.
Sie sind der Sonnenschein,
die Nahrung und
die Medizin für die Seele.

Luther Burbank

**Jeder Tag ist aufregend,
voller kleiner Überraschungen,
wie winzige, sich langsam öffnende
Knospen am Baum des Lebens.**

Lucy Maud Montgomery

Achte auf das Kleine in der Welt, das macht das Leben reicher und zufriedener.

Carl Hilty

Immer wenn wir uns
über eine Blüte freuen können,
schlägt die *Freude*
weitreichende Wurzeln.

Friederike Weichselbaumer

Der Garten ist ein anderer Himmel
mit Sternen aus Blumen.

aus Persien

Giverny, Frankreich

EIN GARTEN WIE EIN GEMÄLDE

Wer träumt nicht davon, einmal den stimmungsvollen Wassergarten zu besuchen, der den Impressionisten **Claude Monet** jahrzehntelang inspirierte? Stell dir vor du gehst über die berühmte japanische Brücke. Über dir hängen zartviolette Glyzinien, du bist umgeben von **Trauerweiden, Bambusdickicht und Seerosen,** die den ganzen Sommer über blühen. Monet ließ sich für seinen Garten von japanischer Gartenbaukunst inspirieren, die er anhand von Drucken kannte.

Er schuf sich den Garten, dann malte er ihn wieder und wieder. Besonders liebte er Wasserspiegelungen und Nebel. Warum nicht einmal nach Giverny fahren und herausfinden, was dir am meisten an Monets Gärten gefällt?

Das Glück ist ein Mosaikbild, das aus lauter unscheinbaren *kleinen Freuden* zusammengesetzt ist.

Daniel Spitzer

Überall wachsen kleine Wunder,
überall blüht das Leben.

Christine Mainacht

In der Natur durchströmt
den Menschen trotz all seiner Sorgen
ein wunderliches Wohlbehagen.

Ralph Waldo Emerson

Gehe ich in den Garten, fühle ich
ein Stück Himmel auf Erden.

Friederike Weichselbaumer

So muss man leben –
immer die kleinen Freuden aufpicken,
bis das große Glück kommt.
Und wenn es nicht kommt,
dann hat man wenigstens
die „*kleinen Glücke*“ gehabt.

Theodor Fontane

Und ich fühle, dass Kleinigkeiten die Summe des Lebens ausmachen.

Charles Dickens

Ein Garten ist für die menschliche Seele
die größte Erfrischung.
Ohne ihn sind Häuser und Paläste
nichts als grobe Handarbeit.

Francis Bacon

Das Glück finden wir nicht am Ende der Straße.
Wir entdecken es auf dem Weg.

Peter Friebe

Herrenhäuser Gärten, Hannover

BAROCKE GARTENKUNST

Ein wunderschönes Beispiel europäischer Gartenkunst befindet sich in Hannover. Die Herrenhäuser Gärten sind Barockgärten, die vor fast 400 Jahren ursprünglich als **Küchengarten** angelegt wurden. Im Laufe der Jahrhunderte verwandelte sich dieser Küchengarten allerdings in ein **gärtnerisches Glanzstück.**

Den Mittelpunkt der Gärten bildet der Große Garten, der im Stil französischer Gartenkunst angelegt ist und zum Verweilen einlädt. Wenn du nach einem Duft- und Farberlebnis der besonderen Art suchst, solltest du unbedingt einen Abstecher ins Orchideenschauhaus machen, wo bis zu **800 blühende Orchideen** auf dich warten.

Es liegt eine wunderbare Heilkraft in der Natur.
Oft gibt der Anblick eines schönen Abendhimmels,
der Duft einer Blume der bedrückten Seele
Hoffnung und Lebensmut zurück.

Sophie Alberti

Der Garten ist wie ein Versprechen,
man muss nur ein wenig Geduld haben.

Lucy Maud Montgomery

Das Beste für das innere Gleichgewicht sind
kleine Pausen draußen in der Natur.

Irmgard Erath

Wer pausenlos am Limit lebt,
wird atemlos, der lebt am Tag vorbei,
anstatt sich Zeit zu nehmen,
zum Atemholen, um die Stunden
aufblühen zu sehen.

Justus Paul

Vergnügen! – wo ist das?
Es sitzt in Blumenkelchen und kommt
alle Jahr einmal als Geruch heraus.

Rahel Varnhagen

Der Zauber steckt immer im Detail.

Theodor Fontane

Ein Plätzchen im Grünen
lädt *unsere Seele*
zum Verweilen ein.

Angelika Emmert

Die schönsten Minuten des Tages: mit einer Tasse Tee im Garten sitzen, in die Stille eintauchen.

Marielle Schumann

ES REGNET BLÜTEN ...

Florenz lohnt immer einen Besuch, vor allem aber im April und Mai, wenn der **Blauregen** den Laubengang im Garten der Villa Bardini bedeckt und ein Dach aus leuchtend blauen Blütentrauben bildet. Vom höchsten Punkt des Gartens hast du eine tolle Aussicht auf die Stadt und der Trubel der Straßen ist in weiter Ferne. Der ideale Ort, um ein wenig die Seele baumeln zu lassen und das Leben zu genießen.

Ursprünglich kommt der Blauregen, der auch als **Glyzinie** und **Wisteria** bekannt ist, aus Japan und China. In Japan kannst du ihn im Blumenpark von Ashikaga bestaunen und sogar **lilafarbenes Wisteria-Eis essen.**

Auch in Deutschland ist die giftige, aber wunderschöne Kletterpflanze beliebt. Du findest sie zum Beispiel im Weihenstephaner Sichtungsgarten oder im Gütersloher Stadtgarten.

Garten der Villa Bardini in Florenz, Italien

Am Abend duftet alles
was man gepflanzt hat,
am lieblichsten.

Johann Anton Leisewitz

Welch ein Vergnügen, abends
in einem Winkel des Gartens vor sich
hin zu träumen.

George Sand

Jeden Tag ein wenig Beerenpflücker,
Zeitentdecker, Inselträumer sein und
den *Zauber des Lebens* einfangen.

Angelika Emmert

Wo man Liebe aussät, da wächst Freude empor.

William Shakespeare

**Wenn du frohe Gedanken hast,
ist die Welt um dich herum
ein bunter Garten.**

Paul Hufnagel

Die Erde ist noch immer
voll schöner Wunder.

Joseph von Eichendorff

Will man einen
traumhaften Tag erleben,
muss man nach dem *Schönen*
Ausschau halten.

Lucy Maud Montgomery

Die Augenblicke,
in denen wir innehalten,
sind kostbar.

Voltaire

Palacio de Generalife, Spanien

GARTENZAUBER VERGANGENER ZEITEN

Bei einem Besuch des Palacio de Generalife, könnte sich bei dir das Gefühl einschleichen, geradewegs in eine Märchenwelt aus tausendundeiner Nacht gestolpert zu sein. Der spanisch-arabische Garten gehört zum Sommerpalast der Burg Alhambra, die auf den Hügeln über der Stadt Granada thront. Er ist einer der letzten maurischen Gärten, die uns erhalten geblieben sind.

Plätschernde Wasserspiele und der Duft von Orangen, Rosen und Zypressen begleiten dich auf deinem Weg durch den herrlichen Garten. Und mit etwas Glück findest du abseits der Besucherströme ein ruhiges Plätzchen, an dem du dieses Kleinod mit allen Sinnen genießen kannst.

Der Fliederbusch, hochgewachsen,
mit herzförmigem, lichtgrünem Blattwerk,
hauchte aus köstlichen Dolden
seine Würze, die ich so liebe.

Jedes Blatt ein Wunder …

Walt Whitman

Wenn die Vögel singen
und die Blumen
ihren Duft verströmen,
weiß man, wie das Paradies
sein kann.

Chao-Hsiu Chen

Bei jedem Spaziergang durch die Natur
erhält man viel mehr, als man gesucht hat.

John Muir

Die Natur eilt nicht und dennoch
wird alles erreicht.

Laozi

An Wundern
ist niemals Mangel
in der Welt.

Gilbert Keith Chesterton

Gott wird großer Königreiche überdrüssig, aber kleiner Blumen nie.

Rabindranath Tagore

Jeder, der sich die Fähigkeit erhält,
Schönes zu erkennen, wird nie alt werden.

Franz Kafka

Ein Blumengarten ist
sichtbar gewordene Lebensfreude.

Irmgard Erath

Inverewe Gardens, Schottland

Ein Paradies wie am anderen Ende der Welt

Dank des warmen **Golfstroms** wachsen in Schottland in den
Inverewe Gardens Pflanzen, die ursprünglich aus Indien, Südamerika
und dem Himalaya stammen. Darunter farbenprächtige Rhododendren,
der tiefblaue Tibet-Scheinmohn und Eukalyptusbäume.
Ein weiteres Highlight ist die **Wollemikiefer,** die bis 1994 als
ausgestorben galt und bis dahin nur aus Fossilien bekannt war.
Ein Parkranger entdeckte 1994 mehrere Exemplare in Australien im
Wollemi Nationalpark in einer geschützten Sandsteinschlucht.
Zur Zeit der Dinosaurier war sie über den ganzen Globus verbreitet.
Lass dich von den Pflanzen ins Träumen bringen und genieße
die besondere Atmosphäre dieses zauberhaften Gartens.

Gib mir Düfte
bei Sonnenaufgang in einem Garten
mit *wunderschönen Blumen,*
wo ich ungestört spazieren kann.

Walt Whitman

Blumen sind die Liebesgedanken der Natur.

Bettina von Arnim

Auch der Garten
ist ein Stückchen Himmel.
Es gibt kaum einen schöneren
Platz auf der Erde.

Paul Hufnagel

Ein Garten im großen Stile ist eine Bildergalerie.

Hermann von Pückler-Muskau

Sich in den Garten legen,
in ein Meer von Gänseblümchen,
das ist Glück.

Angelika Emmert

Jeden Morgen in meinem Garten
öffnen neue Blüten sich dem Tag.

Matthias Claudius

In den kleinsten Dingen zeigt die Natur
die allergrößten Wunder.

Carl von Linné

Die Welt ist schön,
weil man immer wieder Neues entdeckt,
worüber man sich freuen darf.

Adalbert Ludwig Balling

Mirabellgarten, Österreich

EIN GARTEN WIE AUS DEM MÄRCHEN

Mitten in der Salzburger Altstadt kannst du eine kleine Auszeit in einer **grünen Wohlfühl-Oase** genießen. Der barocke Mirabellgarten verzaubert seine Besucherinnern und Besucher mit bunter Blumenpracht und fantastischen Kunstwerken wie **Skulpturen, Fontänen und Brunnen.** Besonders viel Spaß macht auch ein Abstecher hinter das Schloss zum **Zwergerlgarten.** Hier warten 17 kleine Marmorzwerge, die bereits über 300 Jahre alt sind, auf deinen Besuch. Bei schönem Wetter kannst du es dir im Mirabellgarten auf einer Parkbank gemütlich machen, den Duft der Blumen genießen und das bunte Treiben beobachten.

Es geht eine große und
ewige Schönheit durch die ganze Welt,
und diese ist gerecht über den kleinen
und großen Dingen verstreut.

Rainer Maria Rilke

Mögest du dir die Zeit nehmen, die stillen Wunder zu feiern, die in der lauten Welt keine Bewunderer haben.

Irischer Segenswunsch

Die meisten Menschen wissen gar nicht,
wie schön die Welt ist und wie viel Pracht
in den kleinsten Dingen, in einer Blume,
einem Stein, einer Baumrinde oder
einem Birkenblatt sich offenbart.

Rainer Maria Rilke

Die Natur malt
die schönsten Bilder.

Ralph Waldo Emerson

Das Leben leicht tragen
und tief genießen ist doch
die Summe aller Weisheit.

Wilhelm von Humboldt

Jeder Baum, jede Hecke ist
ein Strauß von Blumen, und man möchte
zum Marienkäfer werden, um in dem Meer
von Wohlgerüchen herumzuschweben.

Johann Wolfgang von Goethe

Glück ist jeder neue Morgen,
Glück ist bunte Blumenpracht,
Glück sind Tage ohne Sorgen,
Glück ist, wenn man
fröhlich lacht.

Clemens Brentano

Das Leben ist wie eine Blüte:
Je weiter es sich öffnet,
desto *bunter* wird es.

Sabina Bredemeier -

KÖNIGLICHES SCHLARAFFENLAND

Bei einer Reise durch die schönsten Gärten der Welt darf ein Zwischenstopp im wohl **prächtigsten Garten der Erde** natürlich nicht fehlen. Wohl kein anderer Garten hat die Gartenkultur der Welt so beeinflusst wie die Gärten von Schloss Versailles. Angelegt wurden sie im 17. Jahrhundert von Sonnenkönig Ludwig XIV. Unzählige **Alleen, Brunnen, Statuen** und natürlich **Blumen** säumen den prächtigen Park. Doch er hat noch mehr zu bieten: Zur Gartenanlage von Versailles gehört auch der größte Küchengarten der Welt. Hier werden **Gemüse, Kräuter und Co.** biologisch und traditionell angebaut.

Da schlägt das Feinschmeckerherz höher!

Jardins du Château de Versailles, Frankreich

In jedem Geschöpf der Natur lebt das Wunderbare.

Aristoteles

Lächle, denn es gibt einen Frühling
in deinem Garten, der die Blüten bringt,
einen Sommer, der die Blätter tanzen
und einen Herbst, der die Früchte
reifen lässt.

aus Arabien

Mehr als tausend Farben
hat die Welt für den,
der sie *sehen* will.

Paul Hufnagel

Man sollte für die Freude, die Schönheit,
die Farbe des Lebens erglühen.

Oscar Wilde

Die Erde ist angefüllt mit Himmel.

Elizabeth Barrett Browning

Man kann einen seligen, seligsten Tag haben, ohne etwas anderes dazu zu gebrauchen als blauen Himmel und grüne Erde.

Jean Paul

Jeder liebt irgendetwas,
und ich kenne keine anderen Liebesobjekte,
von denen man so wesentliche und
unfehlbare Geschenke zurückbekommt,
wie von Büchern und einem *Garten*.

Elizabeth von Arnim

Wenn du einen Garten und
eine Bibliothek hast,
wird es dir an nichts fehlen.

Cicero

Schloss Sofiero, Schweden

EUROPAS SCHÖNSTER PARK

Hast du Lust, die größte Rhododendron-Sammlung Europas zu bewundern? Dann nichts wie los nach Schweden. Wenige Kilometer nördlich von Helsingborg liegt das wunderschöne Schloss Sofiero mit seinem ganz besonderen Garten. Das Schloss liegt oberhalb zweier Schluchten, in denen um die **10.000 Rhododendron-Bäume** wachsen. Im Mai und Juni kannst du also nicht nur die Aussicht auf den Öresund und Dänemark bewundern, sondern dich auch am herrlichen Rhododendron-Blütenmeer erfreuen. Zusätzlich gibt es mehrere bezaubernde Blumengärten, ein Café, einen Hofladen und großzügige Grünflächen für Picknicks oder ein entspanntes Nickerchen. **Einfach traumhaft!**

Das Glück ist wie ein Schmetterling:
Wenn wir es jagen, vermögen wir es
nicht zu fangen, aber wenn wir ganz ruhig
innehalten, dann lässt es sich
auf uns nieder.

Nathaniel Hawthorne

Wir von GROH wollen die Welt ein bisschen verschönern – mit liebevollen Geschenken, die glücklich machen.

GROH.DE

@die_geschenkverlage

Besuchen Sie uns im Internet: www.groh.de

Sommer, Sonne & Amore

Maria-Luiko-Straße 54, 80636 München

Textnachweis: Wir danken allen Autoren bzw. deren Erben, die uns freundlicherweise die Erlaubnis zum Abdruck von Texten erteilt haben.

Bildnachweis: Cover: Shutterstock.com; Innenteil: creativemarket.com/ksenia_lokko; creativemarket.com/laramai

Cover: Alicia Terry
Layout und Satz: Christin Bussemas Ampersand loves
Gesamtherstellung: Elma Printing & Finishing, Istanbul

ISBN 978-3-8485-0308-7

Kontaktadresse nach EU-Produktsicherheitsverordnung:
produktsicherheit@droemer-knaur.de

MIX
Papier | Fördert gute Waldnutzung
FSC® C164814
FSC www.fsc.org

1 2 3 4 5

Das Glück
des Lebens setzt
sich aus winzigen
Kleinigkeiten
zusammen.
Samuel Taylor Coleridge

Lächle

der Welt zu

und die Welt wird

zurücklächeln.

Unbekannt

BUONGIORNO

Warum denn warten von Tag zu Tag?
Es blüht im Garten, was blühen mag.

Klaus Groth

Gartenfreude verbindet die Menschen
überall auf der Welt.

Nina Sandmann

Willst du den Tag richtig genießen,
solltest du keine Zeitung lesen
und stattdessen *Blumen gießen.*

Horst Reiner Menzel

Das Leben beginnt mit dem Tag,
an dem man einen Garten anlegt.

aus China

Die Orte des Sich-wohl-Fühlens
liegen auf Herzenshöhe.

Ernst Ferstl

Unter den hellen nickenden Blüten
da möcht ich liegen – und träumen!

Adele Schopenhauer

Glück und Freude haben
ihre Wurzeln in unserem Herzen.
Von dort wachsen sie hinaus und streuen
ihre Blüten in die Welt.

Elfriede Engel

SCHWEIZER GARTENTRÄUME

Vor über 70 Jahren ließ **Doreen Bovet,** die Mutter des heutigen Schlossbesitzers, den Garten anlegen. Die aus San Francisco stammende Unternehmerin liebte Iris, nach jeder Amerikareise brachte sie neue Sorten mit. Heute gibt es um die **400 Arten von Iris** in den Gärten des Schlosses. Neben Iris gibt es wechselnde Themengärten auf über dreißig Hektar und das alles mit einem tollen Blick auf Mont Blanc, Genfer See und die Alpen. Der aktuelle Schlossherr investiert wie seine Mutter weiter in Blumendiversität, daher findet man zahlreiche besondere Sorten verschiedenster Blumen wie **Tulpen, Rosen, Rhododendren.** Auf verschlungenen Wegen kannst du von Garten zu Garten schlendern und dich von der Blütenpracht verzaubern lassen.

Schloss Vullierens, Schweiz

Ein Garten voll Blumen
erfreut die Seele.

Anna Johannsen

Die Erde hat *Musik*
für diejenigen, die zuhören.

William Shakespeare

Alles wahrhaft Große
vollzieht sich durch langsames,
unmerkliches Wachsen.

Seneca

Die Hauptaufgabe eines Gartens ist es,
seinem Besucher die schönste und höchste Art
des irdischen Vergnügens zu bereiten.

Gertrude Jekyll

Je größer aber ein Mensch ist,
desto mehr neigt er dazu,
vor einer Blume niederzuknien.

Gilbert Keith Chesterton

Für die eigene Gesundheit ist es notwendig,
im Garten zu arbeiten und den Pflanzen
beim Wachsen zuzusehen.

Vincent van Gogh

Es ist mit der Liebe
auch wie mit anderen Pflanzen:
Wer Liebe ernten will,
muss *Liebe pflanzen.*

Gertrude Jekyll

Mensch sein heißt Gärtner sein.

Ralph Waldo Emerson

Ein Meer aus Frühlingsfarben

Jedes Jahr zum Frühlingsanfang öffnet der Keukenhof in der Nähe von Amsterdam seine Tore. Und dann beginnt die schönste Zeit des Jahres in der Gartenanlage, die nur für ein paar herrliche Frühlingswochen geöffnet hat.
Dieser kurze Zeitraum ist dafür aber umso zauberhafter!
Jedes Jahr im Herbst werden über 7 Millionen Blumenzwiebeln per Hand gepflanzt, die den Park im Frühling in ein buntes Farbenmeer verwandeln. Auf den kilometerlangen Spazierwegen, die sich durch den Blumenpark schlängeln, kommst du an sieben Inspirationsgärten vorbei, die dir reichlich Inspiration für den eigenen Garten oder Balkon bieten.
Welche Frühlingsblume magst du am liebsten?

Keukenhof, Niederlande

Wer mit offenen Augen träumt,
sieht die Welt in den schönsten Farben.

Friederike Weichselbaumer

Monde und Jahre vergehen,
aber ein schöner Moment leuchtet
das ganze Leben hindurch.

Franz Grillparzer

Ein Garten kann eine Welt für sich werden, dabei ist ganz gleich, ob dieser Garten groß oder klein ist!

Hugo von Hofmannsthal

Auch die kleinste Freude zaubert
ein Lächeln ins Herz.

Irmgard Erath

Blumen sind die schönen Worte
und Hieroglyphen der Natur,
mit denen sie uns andeutet,
wie lieb sie uns hat.

Johann Wolfgang von Goethe

Farben sind das Lächeln der Natur
und Blumen sind ihr Lachen.

James Henry Leigh Hunt

An einem schönen Tag
im Schatten zu sitzen und ins Grüne zu blicken,
ist die beste aller Erquickungen.

Jane Austen

Das Leben ist am schönsten,
wenn du *den Moment genießt.*

Elisabeth Hürlimann

Royal Botanic Gardens Kew, England

GARTENZAUBER IN DER GROSSSTADT

Wenn du das nächste Mal nach London reist, solltest du unbedingt einen Besuch der Kew Gardens einplanen. Die Royal Botanic Gardens Kew – so lautet der offizielle Name – zählen zu den ältesten botanischen Gärten weltweit. Die riesige Gartenanlage besteht aus mehreren **viktorianischen Gewächshäusern** mit Pflanzen aus aller Welt, einem **See** sowie einem **Bambus- und Steingarten.** Sogar einen **Baumwipfelpfad** hat Kew Gardens zu bieten. Von hier oben kannst du einen herrlichen Blick auf die blühenden Gärten genießen und dir den Wind um die Nase wehen lassen. Ein echtes kleines Paradies mitten im Großstadtdschungel!

Oh, wer um alle Rosen wüsste,
die rings in stillen Gärten stehn, müsste
wie im Rausch durchs Leben gehen.

Christian Morgenstern

Komm doch in den Garten!
Ich hätte gerne, dass meine Rosen
dich sehen.

Richard Sheridan

Wir von GROH wollen die Welt ein bisschen verschönern – mit liebevollen Geschenken, die glücklich machen.

GROH.DE

@die_geschenkverlage

Textnachweis: Wir danken allen Autoren bzw. deren Erben, die uns freundlicherweise die Erlaubnis zum Abdruck von Texten erteilt haben, sowie Ernst Ferstl für die Texte auf den Seiten 7 und 117 © Ernst Ferstl, www.gedanken.at.

Bildnachweis: Cover: Christopher Nicholson/Alamy Stock Foto; Innenteil: S.2: Jacky Parker Photography/Getty Images, S. 5: Anna/stock.adobe.com, S. 6: Westend61/Getty Images, S. 9, 13, 15, 17, 20, 21, 23, 24, 27, 30, 33, 34, 39, 40, 54, 57, 59, 61, 69, 73, 74, 77, 78, 80, 87, 88, 90, 101, 102, 106, 109, 118, 121, 125, 140: Shutterstock.com, S. 10: tina7si/stock.adobe.com, S. 19: Westend61/Getty Images, S. 29: Jacky Parker Photography/Getty Images, S. 37: Øyvind/stock.adobe.com , S. 43: Jacky Parker Photography/Getty Images, S. 45: reichdernatur/stock.adobe.com, S. 47: malopo/stock.adobe.com, S. 49: meldayus/Getty Images, S. 50: Lotharingia/stock.adobe.com, S. 53: Clickmanis/stock.adobe.com, S. 62: Manuel/stock.adobe.com, S. 65: Kuchem/stock.adobe.com, S. 66: Gert Tabak/Getty Images, S. 70: Rui/stock.adobe.com, S. 83: Photography/Getty Images, S. 85: jayfish/stock.adobe.com , S. 93: Jasenka Arbanas/Getty Images, S. 95: Gert Tabak/Getty Images, S. 97: Yols/stock.adobe.com, S. 98: Jacky Parker Photography/Getty Images, S. 105: Danita Delimont/stock.adobe.com, S. 110: dudlajzov/stock.adobe.com, S. 113: Yols/stock.adobe.com, S. 114: Yols/stock.adobe.com, S. 117: Rosemary Calvert/Getty Images, S. 122: Savo Ilic/stock.adobe.com, S. 126: mashiki/stock.adobe.com, S. 129: Danita Delimont/stock.adobe.com, S. 131: Noppasinw/stock.adobe.com, S. 133: Jacky Parker Photography/Getty Images, S. 134: mbroms/stock.adobe.com, S. 137: JoannaTkaczuk/stock.adobe.com, S. 138: Debu55y/stock.adobe.com, S. 143: izuboky/stock.adobe.com, Illustrationen: Shutterstock.com.

Cover: Kristian Kimmel
Layout: Stefanie Müller, stefanie.kreatives@gmail.com
Redaktion: Kristin Funk
Satz: Peter Ball, Media Diversified GmbH
Gesamtherstellung: Elma Printing & Finishing, Istanbul

Zauberhaftes Gartenglück
GTIN 978-3-8485-0290-5

www.groh.de

MIX
Papier | Fördert gute Waldnutzung
FSC® C164814

1 2 3 4 5